VELOCIDAD INCREÍBLE

FIEBRE POR LOS TODOTERRENO

De Craig Stevens
Traducción de Santiago Ochoa

Un libro de El Semillero de Crabtree

CRABTREE
Publishing Company
www.crabtreebooks.com

UTV
vehículo utilitario todoterreno
CONTRA
can-am

ATV

vehículo todoterreno

Índice

Vehículos todoterreno: UTV contra ATV

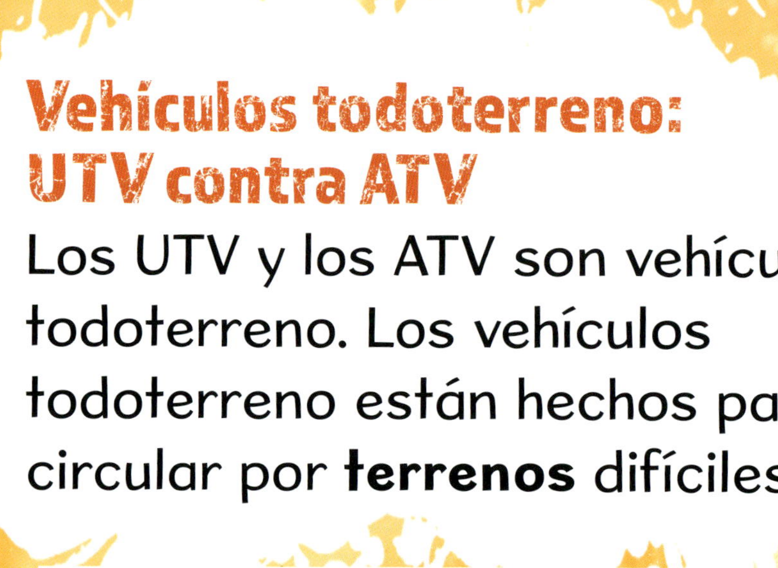

Los UTV y los ATV son vehículos todoterreno. Los vehículos todoterreno están hechos para circular por **terrenos** difíciles.

UTV (vehículo utilitario todoterreno).

Los vehículos todoterreno también se llaman cuatriciclos.

ATV (vehículo todoterreno).

Los UTV y los ATV pueden atravesar o pasar por encima de casi todo.

Los vehículos todoterreno tienen un buen equilibrio cuando se manejan correctamente.

ATV para la diversión y el trabajo

El ATV fue uno de los primeros vehículos todoterreno. Se construyó para la **recreación**.

El primer ATV se construyó a principios de los años 80.

asiento: Hecho para dos pilotos, además de un estante de almacenamiento.
tanque de gasolina: Contiene hasta 3 galones (11.35 litros) de gas.
escape: Reduce el ruido de los gases de escape que se liberan.
cadena de rueda de espigas: Gira la rueda.
ATV
motor: Lo bastante potente como para transportar cosas unidas al ATV.

manubrio: Para dirigir el todoterreno; también contiene los mandos del acelerador (potencia), los frenos y el embrague para cambiar de velocidad.

guardabarros: Evita que el barro, la tierra y las piedras golpeen al conductor.

amortiguadores delanteros: Ayudan a suavizar los aterrizajes bruscos y los baches del terreno.

neumáticos de tacos: Los tacos dan al ATV un buen agarre al suelo.

Los ATV pueden ser conducidos en terrenos en los que la mayoría de los vehículos no pueden hacerlo. Los ATV deportivos son más pequeños y ligeros. Esto los hace buenos para las carreras.

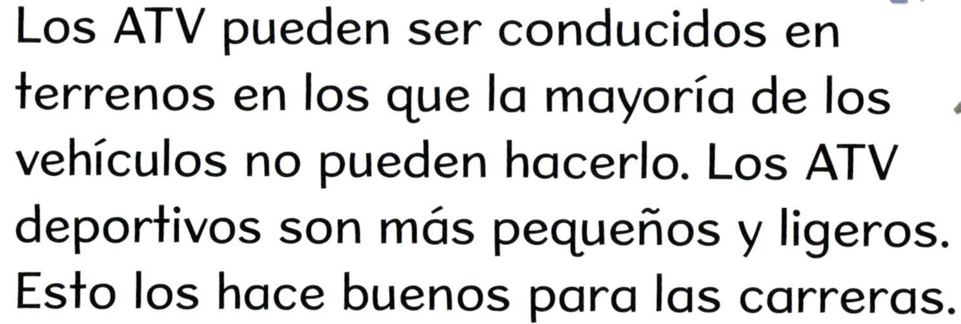

Los pilotos más experimentados hacen piruetas con sus ATV.

Algunos todoterreno pueden transportar a dos personas.

Muchos agricultores utilizan los ATV para trabajar. Los ATV tienen una buena potencia de arrastre.

CHECK OIL
DAILY

UTV para el trabajo y la diversión

Después del ATV, se popularizó un nuevo diseño de todoterreno: el UTV. El UTV es más pequeño, pero **estable**.

Algunos UTV tienen un compartimento de carga en la parte trasera, como una camioneta.

En un UTV pueden ir dos personas a la vez.

Los UTV se hicieron populares por su aspecto y su velocidad. Su velocidad los hizo ideales también para las carreras.

correas de la puerta: Malla y correas de nylon para mantener la seguridad del piloto.

asientos: Dos asientos de cubeta y cinturones de seguridad.

luces de conducción y traseras: Permiten una conducción nocturna segura.

escape: Reduce el ruido del escape liberado.

suspensión: Ayuda a mantener el UTV estable en terrenos accidentados.

volante de dirección: Se utiliza con los pedales (no se muestran) para conducir el UTV.

barra antivuelco: Protege al piloto en caso de que el UTV se vuelque.

carrocería: Hecha de material ligero con **calcomanías** añadidas.

neumáticos con tacos: Los tacos dan al UTV un buen agarre al suelo.

frenos delanteros: Utilizados para detener el UTV.

Tanto el ATV como el UTV son divertidos. Solo tienes que asegurarte de llevar el **equipamiento** adecuado y permanecer seguro. ¡Que seas feliz conduciendo!

Glosario

calcomanías: Adhesivos —a veces muy grandes— que tienen diseños atractivos.

equipamiento: Ropa o herramientas que hacen que una actividad sea más segura, más fácil o más cómoda; *un casco es un equipo que hace que montar en un todoterreno sea más seguro.*

estable: Firme; que permanece en un lugar.

recreación: Aficiones y deportes que la gente practica en su tiempo libre.

terrenos: Tipos de suelo, como el rocoso, el arenoso o el fangoso.

Índice analítico

Apoyo escolar para cuidadores y profesores

Este libro ayuda a los niños a crecer permitiéndoles practicar la lectura. A continuación se presentan algunas preguntas orientativas para ayudar al lector a desarrollar su capacidad de comprensión. Las posibles respuestas que aparecen aquí están en color rojo.

Antes de leer

- **¿De qué creo que trata este libro?** Creo que este libro trata sobre conducir un todoterreno. Creo que este libro trata sobre las carreras de vehículos todoterreno.
- **¿Qué quiero aprender sobre este tema?** Quiero aprender más sobre los vehículos todoterreno. Quiero aprender dónde puedo encontrar un camino para conducir un todoterreno.

Durante la lectura

- **Me pregunto por qué...** Me pregunto por qué los agricultores utilizan un UTV en lugar de un tractor. Me pregunto por qué alguien inventó el ATV.
- **¿Qué he aprendido hasta ahora?** He aprendido que los vehículos todoterreno fueron hechos para circular por terrenos complicados. He aprendido que hay carreras para vehículos todoterreno.

Después de leer

- **¿Qué detalles he aprendido sobre este tema?** He aprendido que muchos agricultores utilizan los ATV para trabajar porque tienen un buen poder de tracción. He aprendido que los neumáticos con tacos dan a los ATV un buen agarre al suelo para que no se queden atascados.
- **Vuelve a leer el libro y busca las palabras del glosario.** Veo la palabra *terrenos* en la página 4 y la palabra *estable* en la página 16. Las demás palabras del glosario se encuentran en la página 23.

Library and Archives Canada Cataloguing in Publication

Available at the Library and Archives Canada

Library of Congress Cataloging-in-Publication Data

Available at the Library of Congress

Crabtree Publishing Company

www.crabtreebooks.com 1-800-387-7650

Print book version produced jointly with Blue Door Education in 2023

Written by: Craig Stevens
Translation to Spanish: Santiago Ochoa
Spanish-language Copyediting and Proofreading: Base Tres
Print coordinator: Katherine Berti

Photo Credits: Cover © Artur Didyk/Shutterstock.com, title page and pages 4-5 (in background), pages 6-7 (background photo) © 6okean | istockphoto, page 2 © Snap2Art_RF | istockphoto, page 3 © 450yamaha | istockphoto, page 4 inset photo © pixinoo | istockphoto, page 6 inset photo © Gunter Nuyts/Shutterstock.com, pages 8-9 background photo © FS-Stock | istockphoto, inset photo page 8 © Rainmaker47 https://creativecommons.org/licenses/by-sa/3.0/deed.en , pages 10-11 © kamski | istockphoto, pages 12-13 background photo © anatoliy_gleb | istockphoto, page 12 inset photo © shutterbugger | istockphoto, pages 14-15 background photo © Pomemick | istockphoto, page 14 inset photo © Kosorukov Dmitry/Shutterstock.com, pages 16-17 background photo © Page Light Studios | istockphoto, page 16 inset photo © Tommy Liggett/Shutterstock.com, pages 18-19 background photo © OgnjenO/Shutterstock.com, page 18 inset photo © Snap2Art_RF | istockphoto, pages 20-21 © valio84sl | istockphoto, page 22 © HeyPhoto/Shutterstock.com, page 23 © Toa55/Shutterstock.com

Published in the United States
Crabtree Publishing
347 Fifth Ave.
Suite 1402-145
New York, NY 10016

Published in Canada
Crabtree Publishing
616 Welland Ave.
St. Catharines, Ontario
L2M 5V6

Printed in the U.S.A./062022/CG20220124